Eyong Effi

A importância do serviço ao cliente para as pequenas empresas

Eyong Effi

A importância do serviço ao cliente para as pequenas empresas

SciencIaScripts

Imprint

Cover image: www.ingimage.com

This book is a translation from the original published under ISBN 978-3-659-68939-0.

Publisher:
Sciencia Scripts
is a trademark of
Dodo Books Indian Ocean Ltd. and OmniScriptum S.R.L publishing group

120 High Road, East Finchley, London, N2 9ED, United Kingdom
Str. Armeneasca 28/1, office 1, Chisinau MD-2012, Republic of Moldova, Europe
Printed at: see last page
ISBN: 978-620-7-74635-4

Para os meus falecidos pais, que cuidaram de mim, me amaram e suportaram as dificuldades por mim,
e para os meus irmãos, pelo seu apoio constante

AGRADECIMENTOS

Esta tese é o resultado de uma série de artigos, pesquisas e entrevistas individuais com pessoas e empresas, bem como de trabalhos citados no final. Estou em dívida para com os meus professores que me encorajaram e me mostraram o caminho.

Emmanuela Forteh, Betty Agbor e Mark merecem crédito adicional por terem editado este trabalho com tanta habilidade e paixão. LAMBERT Academic Publishing, aplaudo os vossos esforços na publicação deste trabalho. Agradeço pessoalmente ao diretor da TRUSTECH por me ter permitido utilizar materiais adicionais para a minha investigação.

Um agradecimento especial a Besong Atem, Agbor Eyong e família, Ayuk Eyong e família, Mpey Eyong, Enow Eyong, Rudy Eyong, que acreditaram neste trabalho e em mim desde o início.

Gostaria também de agradecer a Turner Edelen Jr. e a Roger Younger da Rexel Holdings USA por acreditarem nas minhas capacidades e no meu potencial e por tudo o que me ensinaram - agradeço-vos muito.

Ao meu mentor e orientador de vida, Chris Oyakilome PhD, D Sc, DD, que primeiro me disse que eu podia escrever e depois tentou ensinar-me. A todos os meus amigos e alunos que me empurraram, estimularam e encorajaram durante os longos meses de trabalho árduo. Amo-vos a todos.

RESUMO

No mundo dos negócios atual, as empresas precisam de fazer um esforço extra nas suas estratégias para se manterem na vanguarda. Na estratégia de marketing, o atendimento ao cliente é uma das medidas mais importantes que devem ser implementadas com muito cuidado. Com isto em mente, dedicámo-nos a mostrar como as pequenas empresas sofrem com o mau atendimento ao cliente devido à falta de profissionalismo. Utilizaremos alguns exemplos para demonstrar a veracidade desta afirmação.

Para provar a veracidade desta afirmação, esta tese está dividida em 5 capítulos diferentes. No capítulo 1, analisarei em pormenor o que é o serviço ao cliente. No Capítulo 2, avaliarei o estado atual do serviço ao cliente nas pequenas empresas. O Capítulo 3 alargará a compreensão do mau serviço ao cliente e dos seus efeitos.

O Capítulo 4 examina a importância do serviço ao cliente para o crescimento das pequenas empresas e o Capítulo 5 apresenta algumas recomendações para melhorar o serviço ao cliente nas pequenas empresas, concluindo com uma simulação do que deve ser um bom serviço ao cliente.

INTRODUÇÃO GERAL

O sucesso das empresas foi durante muito tempo influenciado por uma série de factores, tais como a localização da empresa, o capital, o sistema de preços e as competências de marketing dos empregados da empresa. Atualmente, no entanto, a qualidade do serviço ao cliente de uma empresa tem um grande impacto no sucesso das organizações. O serviço ao cliente pode ser definido como "um conjunto de actividades destinadas a aumentar o **nível** de satisfação do cliente".

Estas actividades podem incluir a prestação de apoio, aconselhamento e entrega de produtos pela empresa aos seus clientes. O serviço ao cliente é prestado aos consumidores/clientes/compradores de uma empresa antes, durante e após a aquisição de bens e serviços. O serviço ao cliente é avaliado pelo cliente e depende exclusivamente da forma como este percepciona e recorda o serviço recebido. A qualidade do serviço ao cliente (que pode ser mau, bom ou excelente/qualidade) é determinada pelo nível de satisfação do cliente.A qualidade/excelência do serviço ao cliente é a "capacidade de uma organização exceder constante e consistentemente as expectativas dos clientes". Em termos simples, é o que acontece quando a satisfação do cliente é optimizada. Um serviço ao cliente de qualidade é fundamental para o sucesso de uma organização, porque os clientes são a "força vital" de qualquer empresa.

O objetivo de um excelente serviço de apoio ao cliente é satisfazer os clientes para que voltem sempre. Para atingir este objetivo, uma empresa deve aderir a determinados elementos. Antes de analisarmos a importância do serviço ao cliente para o crescimento de uma pequena empresa, é importante discutir as principais características de uma empresa com um excelente serviço ao cliente.

A fim de compreender melhor a influência da qualidade do cliente no sucesso de uma empresa, são também analisados os efeitos de um mau serviço ao cliente nas empresas.

CARACTERÍSTICAS ESSENCIAIS DE UM BOM SERVIÇO AO CLIENTE

O cliente só pode ficar satisfeito se as suas expectativas forem satisfeitas. Uma empresa com um excelente serviço ao cliente conhece as expectativas dos seus clientes e é capaz de as satisfazer. Além disso, os representantes do serviço de apoio ao cliente de uma empresa com um excelente serviço de apoio ao cliente têm empatia e compreensão do problema que o cliente está a enfrentar. Por empatia entende-se a capacidade de conhecer e reconhecer os sentimentos e as necessidades do cliente antes de encontrar uma solução que satisfaça essas necessidades. Para reconhecer e compreender corretamente os desejos do cliente, é necessário ouvir atentamente o que o cliente está a dizer.

As necessidades do cliente não podem ser satisfeitas se não se ouvir e compreender o que o cliente está a dizer. Qualquer organização com um bom serviço ao cliente tem boas capacidades de comunicação. A comunicação eficaz com o cliente é crucial porque a comunicação com o cliente, seja por correio eletrónico, telefone, fax ou redes sociais, pode reforçar a ligação entre uma empresa e os seus clientes. Embora a comunicação com o cliente seja importante, a comunicação com o cliente é ainda mais importante. Por conseguinte, deve falar-se menos e ouvir-se mais.

Além disso, as empresas com um serviço de alta qualidade entregam os seus produtos ou serviços a tempo; esta é uma das maiores expectativas dos clientes. A entrega atempada é um sinal de que os clientes de uma empresa a têm em grande consideração.A cortesia e a personalização (por exemplo, utilizar o nome do cliente), o respeito, a educação e a positividade são valores que estão presentes nas empresas com um excelente serviço ao cliente. Os valores acima referidos não só indicam que a empresa se preocupa, como também fazem com que os clientes se sintam importantes. Isto é muito útil para criar a lealdade do cliente. Consistência, eficiência, empenho e fiabilidade (ou seja, cumprir o que foi prometido de forma fiável e precisa) são as palavras de ordem de uma empresa com um bom serviço ao cliente. Os clientes estão muito interessados num serviço competente e prestável. Um excelente serviço ao cliente começa com a saudação, seja pessoalmente, ao telefone ou por correio eletrónico. Assim, dizer "olá" com um sorriso a um cliente que acaba de entrar num escritório fá-lo sentir-se bem-vindo. Este tipo de serviço cria boa vontade.

A QUALIDADE DOS SERVIÇOS É UM FACTOR IMPORTANTE PARA O SUCESSO DE UMA EMPRESA

Os clientes são o elemento mais importante para todas as empresas, e cuidar deles é essencial para o sucesso de uma empresa. Sem clientes, uma empresa nem sequer existiria. Um excelente serviço ao cliente é da maior importância para uma empresa, pois cria clientes fiéis, que só podem ser criados através da satisfação do cliente.

O fator mais importante para o sucesso de uma empresa é a fidelização dos clientes. Esta permite à empresa reter os seus clientes, uma vez que estes se sentem mais à vontade para fazer negócios com a empresa. Além disso, haverá muitas referências, uma vez que os clientes fiéis irão inevitavelmente falar a outros sobre um ótimo serviço que receberam.

O que os clientes e potenciais clientes dizem publicamente sobre os produtos e serviços de uma empresa é de grande importância. De acordo com um estudo efectuado pela Dimensional

Research e Zendesk, 90% dos participantes afirmaram que as críticas positivas sobre uma empresa os incentivam a comprar a essa empresa. Quando mais clientes chegam a uma empresa, as vendas aumentam em conformidade. Isto significa acima de tudo uma coisa: rentabilidade para a empresa. Isso, por sua vez, leva a um crescimento e sucesso correspondentes para uma empresa.

Ao contrário do marketing, o serviço ao cliente retém e atrai mais clientes a um custo mais baixo, uma vez que a empresa não gasta em ferramentas de marketing como a publicidade. Por conseguinte, um excelente serviço ao cliente não custa, mas compensa. Para além disso, um bom serviço ao cliente é o único meio pelo qual uma empresa se pode diferenciar dos seus concorrentes, pois distingue a empresa dos seus concorrentes. A MTN Camarões é um exemplo de uma empresa que se destaca dos seus concorrentes porque colocou a satisfação do cliente no centro das suas actividades.

Por outro lado, um mau serviço ao cliente pode levar à queda de uma empresa e, possivelmente, ao seu desaparecimento. Um mau serviço ao cliente pode ocorrer quando um empregado não cumprimenta um cliente quando este entra na empresa. Quando um cliente não é cumprimentado, não se sente bem-vindo e isso pode dissuadi-lo de visitar a empresa no futuro. Um mau serviço ao cliente também pode ocorrer quando há uma má comunicação entre o empregado da empresa e o cliente.

A má comunicação ocorre sobretudo quando os empregados não têm formação ou estão desmotivados. A fidelidade do cliente é fortemente influenciada pelo comportamento e pelas competências dos empregados. Deixar chamadas, mensagens ou e-mails sem resposta ou não responder às chamadas são também características de um mau serviço ao cliente. Ignorar frases educadas como "por favor" e "obrigado", gritar com os clientes ou utilizar jargão ao falar com os clientes são factores que conduzem a um mau serviço ao cliente.

O mau serviço ao cliente também é evidente quando os produtos ou serviços não são entregues a tempo ou quando os problemas não são resolvidos atempadamente. Muitos clientes tendem a abandonar uma empresa se os seus problemas não forem resolvidos atempadamente.

"Um mau serviço ao cliente é desastroso para uma empresa. Quando os clientes são confrontados com um mau serviço ao cliente, não só vão para a concorrência, como também partilham as suas más experiências com outros. Cerca de 86% dos consumidores rompem imediatamente a sua relação comercial com uma empresa se tiverem uma má experiência com um cliente. Devido à sua frustração, os clientes insatisfeitos espalham a palavra sobre o mau serviço ao cliente a outras pessoas, como os seus amigos e familiares. Este facto prejudica a reputação da empresa, uma vez que os potenciais clientes formam uma opinião negativa sobre uma empresa antes mesmo de a visitarem. Como resultado, uma empresa perde os seus potenciais clientes.

Atualmente, os perigos do boca-a-boca negativo tornaram-se ainda maiores devido à Internet e à influência das redes sociais. Pode levar a que uma empresa tenha muito poucos clientes, uma vez que tanto os clientes como os potenciais clientes migram para a concorrência, resultando em baixas vendas.

Além disso, os clientes insatisfeitos podem recusar-se a pagar os bens ou serviços que adquiriram. Tudo isto tem um impacto direto nas receitas da empresa (que é o elemento mais importante para a sobrevivência de uma empresa) e, por conseguinte, atrasa o desenvolvimento e o crescimento de uma empresa. Na maioria dos casos, um mau serviço ao cliente pode mesmo levar à dissolução da empresa.

DEFINIÇÃO DE ALGUNS TERMOS-CHAVE

Serviço ao cliente: O serviço ao cliente pode ser definido como os esforços destinados a assegurar a entrega rápida e eficiente de produtos e serviços de qualidade aos clientes. É também o serviço prestado ao cliente antes, durante e após a compra e utilização de bens e serviços.

Quem é um cliente? Um cliente é alguém que compra ou recebe bens ou serviços, produtos ou ideias de um vendedor ou fornecedor a um determinado preço.

Satisfação do cliente: A satisfação do cliente surge quando este compra um produto ou serviço a um preço justo, quando tudo lhe é bem explicado no seu primeiro contacto com o prestador de serviços e quando as suas expectativas são satisfeitas.

Qualidade do serviço: A qualidade do serviço é um fator importante para o sucesso económico. Proporcionar qualidade de serviço é uma forma de criar uma ligação mais forte entre o fornecedor e o cliente. Torna menos provável que os clientes procurem fontes alternativas de abastecimento e, por conseguinte, actua como uma barreira à entrada no mercado dos concorrentes. A perceção da qualidade do serviço conduz a uma maior satisfação, atribuição de valor e intenções de compra repetidas. As avaliações mais cognitivas da qualidade e do valor do serviço precedem a satisfação. Buzzell e Gale (1987) concluíram que "a qualidade relativa percebida (a apreciação do cliente sobre a qualidade da oferta do fornecedor em comparação com a dos seus concorrentes) é o fator mais importante que afecta o desempenho a longo prazo de uma empresa e que uma baixa qualidade do serviço conduz à perda de clientes ".

Um representante do serviço de apoio ao cliente de uma empresa de telecomunicações afirmou que melhoram diariamente a qualidade do seu serviço para responder às necessidades dos clientes e aumentar a sua satisfação; ouvem sempre as sugestões de melhoria dos clientes. A qualidade do serviço assume várias formas, incluindo a disponibilidade de crédito, a entrega (se o serviço é prestado atempadamente e quando prometido), se o pessoal se esforça por satisfazer os clientes, a forma como os clientes são tratados no primeiro contacto e também a garantia.

Exige também uma estratégia de serviço que seja comunicada a toda a organização, para que todos saibam qual o seu papel na prestação de serviços aos clientes e consumidores. É também necessário criar um sistema que permita ao pessoal prestar um serviço de primeira classe aos clientes.

Um cliente de telecomunicações recomendou que a empresa recrutasse, formasse e capacitasse os empregados para prestarem um nível de serviço que proporcionasse aos clientes um elevado nível de satisfação e introduzisse um sistema de recompensas para os empregados, de modo a motivá-los a prestar um serviço adequado.

Intenção de compra: A intenção de compra ocorre quando o cliente está satisfeito ou insatisfeito. Se o cliente estiver satisfeito, pode voltar à empresa para obter mais serviços ou bens, mas se o cliente não estiver satisfeito, a empresa pode perder o cliente. Alguns bancos tentam satisfazer os seus clientes tanto quanto possível, para que estes se lembrem sempre de poupar e de efetuar outras transacções financeiras com o seu banco. Os gestores de conta são as pessoas mais importantes que podem influenciar positiva ou negativamente a intenção de compra de um cliente.

A COMPREENSÃO DA SATISFAÇÃO DO CLIENTE

A satisfação do cliente é um sentimento geral ou um estado de felicidade que um cliente retira de uma interação. A partir desta interação, o prestador de serviços pode saber o que o cliente espera e o que percebe. O primeiro fator determinante da satisfação do cliente é a qualidade percebida, o segundo é o valor percebido (Fornell et al. 1996). A satisfação do cliente resulta da qualidade do serviço prestado, que oferece uma experiência que vai ao encontro das expectativas do cliente.

Para que uma empresa cresça, tem de satisfazer os seus clientes, fornecendo serviços de qualidade a um preço justo que os clientes possam pagar, para que continuem a comprar bens e serviços a essa empresa. As coisas que fazem com que os clientes se sintam satisfeitos incluem: ***um ouvido atento***, ***cortesia ao dirigir-se a eles***, ***um sorriso no rosto***, ***entrega rápida de bens e serviços e mantê-los actualizados com informações importantes sobre a empresa.***

A melhoria contínua também é necessária para satisfazer as expectativas dos clientes (Kaizen 2007). Para satisfazer os clientes, o mercado da MTN está continuamente a melhorar os produtos e serviços, juntamente com inovações significativas, como a abertura de contas de dinheiro móvel e crédito pós-pago para clientes elegíveis, para satisfazer as expectativas crescentes dos clientes e a satisfação com a qualidade do serviço e a portabilidade dos dispositivos.

Um fabricante que ainda esteja a oferecer os produtos ou serviços dos anos 90 em 2014 descobrirá que os seus clientes estão a migrar para as ofertas da concorrência porque estão insatisfeitos (Graham Hooley 2012). As empresas podem analisar a satisfação dos seus clientes com a ajuda de estudos de marketing e de modelação do mercado. Para garantir e melhorar o serviço ao cliente, as empresas precisam de realizar inquéritos regulares de satisfação do cliente para determinar até que ponto estão a corresponder às expectativas dos clientes e procurar formas de melhorar a qualidade do serviço para satisfazer os seus clientes. Algumas afirmações que dão esperança aos clientes incluem: ***"Obrigado por telefonar", "A sua chamada é valiosa para nós", "Reencaminhei a sua chamada para o departamento técnico, eles vão tratar de si em breve"***. A satisfação do cliente está altamente relacionada com o valor e baseia-se concetualmente na fusão de atributos de qualidade do serviço, como o preço (Athanassopoulous 2000, p. 192)

As empresas e outros prestadores de serviços têm o dever de fazer com que os seus clientes fiquem mais satisfeitos do que esperavam, para que se tornem apoiantes, defensores e até parceiros. Existem três "S" que conduzem à satisfação do cliente, nomeadamente ***a estratégia, o sistema e as pessoas***. É necessário implementar determinadas estratégias e sistemas para que os empregados possam fornecer serviços e bens de qualidade aos clientes.

A maioria das empresas de telecomunicações mede a satisfação dos clientes juntamente com critérios financeiros e outros para medir o desempenho global, o que indica que atribuem um valor mais elevado à satisfação dos clientes. A maioria dos seus empregados é mesmo remunerada com base na satisfação do cliente, porque um cliente só pode comprar um bem ou serviço se estiver satisfeito, e a intenção de compra do cliente conduz ao crescimento ou ao declínio de uma empresa ou organização.

Os clientes estão sempre insatisfeitos pelas seguintes razões: ***não foram***

acompanhados, não foram bem tratados, não foram ouvidos, os seus problemas não foram resolvidos, o que pode levar à perda de vendas, à perda de postos de trabalho e até ao encerramento da empresa. Isto pode levar à perda de vendas, à perda de postos de trabalho e até ao encerramento da empresa, bem como a danos na reputação da empresa. A satisfação do cliente é o resultado da sua perceção do valor recebido, sendo que o valor corresponde à qualidade percebida do serviço em relação ao preço (Hallowell, 1996). Por cada cliente insatisfeito que se queixa, estima-se que existam doze outros que também estão insatisfeitos, mas não se queixam, levando o seu negócio para outro lado e talvez até contando a outros a sua má experiência.

NATUREZA E ÂMBITO DE UM SERVIÇO AO CLIENTE DE EXCELÊNCIA

Os conceitos de qualidade e satisfação dos serviços têm sido muito considerados e utilizados nos textos e actividades de marketing nas últimas décadas. Existe uma literatura de investigação de longa data sobre a natureza e o âmbito dos serviços ao cliente e sobre o que constitui um serviço de qualidade aos olhos dos clientes. Grande parte desta literatura, por exemplo, Hooley et al. (2012), Michael R. (1994), Maggie Jones (2005) e uma série de outros académicos, parece concluir que os clientes medem a sua experiência em relação ao padrão de serviço que esperam.

Em geral, os clientes querem sentir que o empregado com quem se encontram os valoriza. Querem que as suas necessidades, dúvidas e perguntas sejam respondidas de forma educada e cortês. Os clientes querem ser informados sobre um produto ou serviço de uma forma empática. Querem a maior atenção e cuidado possível quando compram os bens e/ou serviços de uma empresa. Também querem pagar um preço justo por um serviço ou bem/produto de qualidade e sentir que fizeram a escolha certa.

Por conseguinte, é evidente que um serviço eficiente ao cliente começa com o contacto, a informação, a comunicação e o diálogo. Isto inclui a capacidade de ouvir o cliente e descobrir o que ele precisa ou deseja através de um inquérito educado - uma boa informação é, como se costuma dizer, um bom serviço. De facto, argumenta-se que a verdadeira vantagem competitiva sustentável de uma empresa reside na forma como comunica com os seus clientes para construir uma relação que conduza à sua fidelização. Isto significa construir uma ligação que resista ao teste do tempo, porque sem o cliente, os produtos e/ou serviços não se venderão e as receitas não se concretizarão (Maggie Jones, 2005; 215-217). Esta constatação levou ao florescimento de departamentos de serviço ao cliente em empresas de todo o mundo.

COMPREENSÃO DA QUALIDADE NO SERVIÇO AO CLIENTE PRÁTICA

Um excelente serviço ao cliente continua a ser uma das vantagens competitivas mais importantes para qualquer organização, quer se trate de um hospital, de um banco, de uma universidade ou de uma companhia de seguros - a concorrência pelos clientes é feroz! Tanto os cientistas como os académicos parecem concordar com a premissa de que as organizações devem melhorar as práticas de serviço de qualidade para superar os seus concorrentes. Mas o que é a qualidade no serviço ao cliente?

O conceito de qualidade no serviço ao cliente é um fenómeno multidimensional; serão consideradas algumas perspectivas. Em primeiro lugar, Jill D. (2002), na sua concetualização do serviço ao cliente, afirma que a qualidade do serviço ao cliente consiste em proporcionar aos clientes experiências memoráveis com produtos ou serviços úteis a preços razoáveis, ao mesmo tempo que se consegue resolver os problemas quando estes ocorrem. Isto significa simplesmente que uma empresa deve encantar os seus clientes, satisfazendo as suas necessidades e expectativas, uma vez que a qualidade do serviço ao cliente é um fator-chave nas decisões de compra.

Em consonância com a observação de Jill, Whitely e Hesson (1997) acreditam que os serviços de alta qualidade são o meio correto para motivar os clientes valiosos a permanecerem fiéis ao produto ou serviço de uma organização. Isto significa essencialmente que existe uma ligação entre as práticas de qualidade do cliente e a satisfação e lealdade do cliente, sendo ambas fundamentais para o crescimento da organização (Lovering, 2005).Do mesmo modo, Graham Hooley (2012) considera que um serviço ao cliente de qualidade superior é um fator fundamental para que uma organização se diferencie de uma multiplicidade de outras empresas que produzem os mesmos bens e/ou serviços. Na sua opinião, existem essencialmente três especiarias fundamentais para um excelente serviço ao cliente: ***estratégia, sistemas e pessoas, designados*** por os três (S's) do serviço ao cliente.**Estratégia:** Em primeiro lugar, é necessária uma estratégia de serviço clara que seja comunicada a toda a organização para que todos saibam qual o seu papel na prestação de serviços ao cliente.**Sistemas:** As organizações não só precisam de se comprometer com um serviço ao cliente de classe mundial nas suas estratégias, como também precisam de criar sistemas que permitam aos seus empregados prestar um serviço ao cliente de alta qualidade.

Pessoal: Talvez o mais importante seja que o pessoal reconheça a importância de um bom serviço ao cliente e se comprometa a prestá-lo. Isto significa que o pessoal tem de ser recrutado, formado e capacitado para prestar um nível de serviço que satisfaça os clientes.Em resumo, a qualidade do serviço ao cliente tem por objetivo assegurar a entrega rápida e eficiente de produtos ou serviços de qualidade aos clientes e a resolução eficaz de quaisquer problemas de serviço ao cliente que possam surgir. Um bom serviço ao cliente corresponde às expectativas dos clientes e garante a sua satisfação. A secção seguinte descreve as principais características de um bom serviço ao cliente.

CAPÍTULO 1

O QUE É O SERVIÇO DE APOIO AO CLIENTE?

INTRODUÇÃO

No mundo empresarial atual, um bom serviço de apoio ao cliente é um dos aspectos mais importantes do crescimento das empresas. Quanto mais satisfeito um cliente estiver com o serviço de **uma** empresa, mais fiel será a essa empresa.

No entanto, as empresas precisam de reconhecer a importância do serviço ao cliente, precisam de conhecer a importância do serviço ao cliente, compreender **como** surgiu o conceito e saber o impacto que pode ter quando utilizado de forma correcta. Neste capítulo, começamos por explicar a importância do conceito de **serviço ao cliente** e, em seguida, as qualidades de um bom serviço ao cliente e as suas diferentes formas.

I. Origem do serviço ao cliente

thNo início do século XIX, o conceito de **serviço ao cliente ainda** não existia. Tratava-se de serviços destinados apenas aos privilegiados, ou seja, aos ricos, que tinham os seus criados para lhes fazerem recados. Havia discriminação na forma como os ricos e os pobres eram servidos.

Só os ricos tinham o privilégio de ter as comodidades que hoje tomamos por garantidas. Herdámos a nossa ideia de serviço da era pré-industrial (a época anterior à revolução industrial).

Podemos dizer que nada teve tanto impacto no desempenho do serviço ao cliente como a tecnologia. Isto deve-se ao facto de a chegada da tecnologia ter ajudado as empresas a melhorar as suas capacidades de produção, que passaram automaticamente de processos manuais para processos automatizados, bem como a logística e os métodos de comunicação. Por isso, podemos também concluir que a tecnologia revolucionou o conceito de serviço ao cliente.

II. O que é o serviço ao cliente?

"O serviço ao cliente pode ser definido como o ato de atender às necessidades do cliente, prestando-lhe assistência profissional e um serviço e apoio de qualidade antes, durante e depois de satisfeitas as suas

necessidades". Por outras palavras, é a forma como um cliente é atendido quando entra em contacto com um produto ou serviço.

Pode ser uma empresa que oferece bens (por exemplo, lojas de retalho, supermercados) ou serviços (por exemplo, gráficas, restaurantes, hotéis, etc.). Em geral, a primeira impressão do cliente durante este encontro determina se ele voltará ou não. Depende então do facto de o cliente ter ficado ou não satisfeito com o serviço ou produto oferecido em comparação com outras empresas do mesmo sector.

No entanto, o serviço ao cliente é uma das estratégias utilizadas no marketing para reter clientes. Por conseguinte, é importante que uma empresa ofereça aos seus clientes um bom serviço de apoio ao cliente.

- *Para a empresa,* o serviço de apoio ao cliente é uma das estratégias para fidelizar os clientes. Ajuda-a a diferenciar o seu serviço do dos outros. Para ser bem sucedida, deve fazer o possível para que os clientes sintam a diferença, a especialidade, ou seja, o que a distingue dos seus concorrentes.
- *Para os clientes,* dá-lhes a sensação de que são importantes, de que a sua presença é necessária na empresa, independentemente da sua origem, nível de educação ou contribuição. Isto porque são bem atendidos pelo pessoal de serviço ao cliente da empresa e sentem que as suas necessidades estão a ser satisfeitas.

1 - As qualidades de um bom serviço ao cliente.

Para que o serviço ao cliente seja considerado bom, deve apresentar algumas características específicas. É de notar que a prática do serviço ao cliente em todas as empresas varia em função da atividade da empresa. O que constitui um bom serviço ao cliente deve ter as seguintes características: ***Alegria, cortesia, profissionalismo, personalização, rapidez, organização, adaptabilidade e boa escuta.***

- **Alegria**: Uma qualidade importante de um bom consultor de clientes é ser alegre apesar das circunstâncias adversas.

- **Cortesia:** A cortesia é quase uma arte perdida. Dizer ***"Olá", "Boa tarde, senhor" ou "Muito obrigado" faz parte*** de um bom serviço ao cliente. Em qualquer negócio, a utilização de boas ferramentas de comunicação é sempre apropriada, independentemente do facto de o cliente efetuar ou não uma compra.

- **Profissionalismo**: Todos os clientes devem ser tratados de forma profissional, ou seja, com a competência e as capacidades esperadas de um profissional. O profissionalismo mostra aos clientes que se preocupa com eles e que vieram ao sítio certo para resolver os seus problemas.

Personalização: Utilizar o nome do cliente é uma forma muito eficaz de gerar lealdade. Os clientes gostam da ideia de que a pessoa com quem estão a fazer negócio os conhece a um nível pessoal. Isto cria um sentimento geral de satisfação que ajuda o cliente a pensar nesta ou naquela loja como a sua casa, onde tem alguém para lhe alegrar o dia.

- **Pontualidade**: *"Nunca faças uma promessa que não possas cumprir"* Os compromissos de entrega dos produtos devem ser pontuais. Os atrasos e as anulações de um produto devem ser evitados.

- **Organização**: um representante do serviço de apoio ao cliente deve ser organizado em todas as chamadas (no caso da prestação de serviços através de telefonemas); no caso da prestação de serviços através de correio eletrónico, deve prestar atenção aos erros e à formatação; no caso da prestação de serviços presencialmente, o prestador de serviços deve ter um aspeto limpo, arrumado e bem vestido, e o seu ambiente deve estar em ordem.

- **Adaptabilidade:** Cada cliente teve uma experiência diferente e cada cliente está à procura de um resultado diferente para a sua situação. Um bom gestor de conta é capaz de se adaptar às mudanças na situação do cliente.

- **Um bom ouvinte**: Permitir que o cliente descreva todos os pormenores da situação e fazer uma pergunta para saber ainda mais pormenores, de modo a que todas as informações necessárias para lidar com a situação estejam disponíveis.

2 - As diferentes formas de atendimento ao cliente.

Existem três tipos diferentes de conceitos de serviço ao cliente. O tipo de serviço pós-venda oferecido ao cliente depende da natureza da atividade da empresa. Estes incluem: ***apoio físico, apoio telefónico e serviço pós-venda (SAV).***

1. Apoio físico

É normalmente utilizado em empresas que oferecem bens ou serviços. Em geral, o serviço ao cliente é prestado por um representante da empresa que está sempre em contacto direto com o cliente. Pode ser um representante de vendas, um caixa, um empregado de mesa ou um contabilista. Por vezes, também pode ser prestado por um self-service, embora a abordagem do self-service deva ser mais semelhante à do sistema PA.

2. Apoio telefónico

Esta informação pode ser utilizada para fins informativos, em caso de reclamação, para vendas em linha e outros fins.

3. Serviço após a compra (ou SAV)

Este formulário é utilizado principalmente para empresas que oferecem produtos técnicos, tais como empresas de eletrónica e telecomunicações e outras.

CAPÍTULO 2

O ESTADO ACTUAL DO SERVIÇO AO CLIENTE NAS PEQUENAS EMPRESAS

INTRODUÇÃO

Na maioria dos países, o fenómeno da criação de pequenas empresas está a aumentar com o tempo. Assistimos à criação de empresas como lojas de retalho, design de moda, informática, microfinanças, hotéis e restaurantes, etc. No entanto, os fundadores destas empresas têm, por vezes, poucas ou nenhumas qualificações para as gerir corretamente. A falta de profissionalismo **no atendimento ao cliente é muitas** vezes evidente. Falam de forma a **obterem** facilmente lucros em vez de se concentrarem nas estratégias que lhes permitirão não só atrair clientes, mas também retê-los, o que infelizmente não é o caso. Neste capítulo, vamos descrever o estado atual do serviço ao cliente nestas pequenas empresas e provar a veracidade da nossa afirmação com algumas lições aprendidas.

I. A abordagem do serviço ao cliente nas pequenas empresas

Uma das fases mais importantes após a criação de uma empresa é o planeamento do marketing dessa empresa. Quando falamos de marketing, referimo-nos às diferentes estratégias que uma empresa adopta para dar a conhecer ao público os seus produtos ou serviços, ou melhor, para dar a conhecer e favorecer uma empresa ao público, a fim de ser mais competitiva do que os outros produtos ou serviços que já estão no mercado.

Mas o problema é que se esquecem de que, mesmo que consigam atrair o maior número possível de clientes, o primeiro encontro do cliente com a empresa determina se esta ganhou verdadeiramente a sua confiança e lealdade.

No entanto, a maioria destas empresas não se apercebeu da importância do serviço ao cliente para a sua atividade. Esta é a razão pela qual haverá sempre insuficiências nos serviços prestados aos seus clientes.

II. Experiência adquirida em pequenas empresas.

As duas experiências que estou a descrever aqui são experiências pessoais que tive. São também experiências muito comuns que encontramos na vida quotidiana. A primeira é uma situação num supermercado e a segunda é uma situação no sector das microfinanças.

Experiência nº 1:

Um homem queria comprar alguns artigos de mercearia para a sua casa. Decidiu ir a um supermercado próximo, onde sabia que encontraria os artigos que procurava. Quando lá chegou, pegou no cesto e começou a tirar os artigos das várias prateleiras. De seguida, dirigiu-se à caixa e pagou os artigos. Depois de ter pago todos os artigos, esperava que o empregado da loja arrumasse os artigos para o deixar. Para sua grande surpresa, foi-lhe pedido que pagasse uma quantia adicional para obter um saco para os seus artigos. Ficou muito zangado e começou a discutir com eles.

Sentiu que, depois de lhes comprar muitos artigos, se não tivesse dinheiro extra para a embalagem (ou saco de plástico) e não tivesse um carrinho de compras disponível, tinha de segurar os artigos nas mãos sem se preocupar em certificar-se de que estávamos bem vestidos para o dia. Para ele, era muito pouco profissional da parte deles.

Por fim, com a ajuda do gerente, foi-lhe dado um saco para que se acalmasse e houvesse paz e sossego. Mas, no final, regressou a casa, não muito satisfeito com o serviço prestado.

A partir desta experiência, temos a impressão de que o serviço ao cliente nesta loja não é feito corretamente, não é bem pensado. A gerência precisa de repensar a sua política para que os clientes não saiam insatisfeitos do seu supermercado, especialmente os clientes importantes.

Experiências n.º 2:

Uma mulher recebeu uma mensagem de texto informando-a de que o marido lhe tinha enviado dinheiro para o filho doente que precisava de ser tratado no hospital e que o dinheiro só podia ser levantado num banco que trabalhasse com este serviço de transferência de dinheiro específico. Decidiu dirigir-se ao banco mais próximo da sua residência, mas o representante do serviço de apoio ao cliente disse-lhe, de forma muito rude, que os serviços de transferência de dinheiro não estavam a funcionar.

Quando lá chegou, explicou a sua situação ao prestador de serviços e a resposta que recebeu não foi boa. A senhora disse-me, de uma forma muito rude e ríspida, que voltasse lá para fora e esperasse até o serviço estar novamente operacional. Estava muito desiludida e, quando se preparava para sair, um cliente que conhecera nesse banco, depois de testemunhar o seu encontro, indicou-lhe o banco que oferecia o mesmo serviço. No outro banco, foi devidamente recebida e o seu dinheiro foi recolhido. Quando lhe perguntaram se queria abrir uma conta, concordou imediatamente e é agora uma das melhores clientes do banco. Devido à atitude dos representantes do serviço de apoio ao cliente do Banco 1, este está a perder uma potencial cliente para os seus concorrentes.

A observação que posso fazer deste encontro é que a prestadora de serviços do Banco 1 não tinha as qualidades de um bom representante de serviço ao cliente. Faltava-lhe não só a alegria, mas também a cortesia, a adaptabilidade e o profissionalismo.

Como representante da sua empresa, tinha de cuidar bem de toda a gente em todas as situações. Tem de se adaptar a todas as situações, porque nem todos os clientes são iguais.

CAPÍTULO 3

A IMPORTÂNCIA DO SERVIÇO AO CLIENTE PARA O CRESCIMENTO DA EMPRESA.

Um excelente serviço ao cliente é muito importante para o crescimento das pequenas empresas; neste contexto, é importante que os seguintes pontos sejam cuidadosamente considerados e depois implementados:

1. **Aproxime-se dos seus clientes**
   Talvez a maior vantagem das pequenas empresas seja o facto de não serem vistas como algo sem rosto, impessoal e inacessível. De facto, 80% dos consumidores acreditam que as pequenas empresas dão mais valor ao serviço ao cliente do que as grandes empresas (Global Customer Service **Barometer** 2012). As pequenas empresas devem tirar partido deste facto, ouvindo e compreendendo as necessidades dos seus clientes.
2. **Ter uma mentalidade ágil;**
   Pense por um momento na diferença entre uma grande empresa como Les Brassieres du Cameroun e um supermercado como o Plaza. Ambas são boas em coisas diferentes, mas agilidade não é provavelmente a primeira palavra **que nos** vem à cabeça.

   quando olhamos para Les Brassieres du Cameroun: É num

   outra direção demora uma eternidade.

   É exatamente esta a situação em que se encontram muitas grandes empresas. Podem fazer muito, mas muitas vezes não o conseguem fazer rapidamente! Ser pequeno significa que pode responder às condições do mercado, às necessidades dos clientes e às tendências emergentes de uma forma que seria a inveja dos gigantes do seu sector, à medida que faz crescer a sua pequena empresa.

3. **Ser reativo**

   Um dos problemas mais comuns dos clientes que lidam com grandes empresas é o facto de um problema demorar imenso tempo a ser resolvido. Isto deve-se frequentemente ao facto de estarem envolvidos vários departamentos no tratamento de uma queixa ou de um pedido de informação. Como uma organização mais pequena, os clientes esperam que seja mais capaz de responder às suas necessidades, não só em termos de reclamações, mas também na rapidez com que responde ao ambiente do mercado. Certifique-se de que não os desilude e coloque a capacidade de resposta no topo da lista de coisas que quer manter à medida que a empresa cresce.

4. **Ter um objetivo restrito**
   As grandes empresas podem dar-se ao luxo de ter os seus dedos em vários sítios, as pequenas empresas não. Como pequena empresa, tem de

   é necessário identificar as áreas em que se pode sobressair e concentrar toda a sua atenção nelas. A seu tempo, pode expandir e alargar o seu foco, mas as empresas que não se esforçaram por se destacar em nichos mais pequenos raramente têm a oportunidade de ocupar nichos maiores.

5. **Ser pessoal**

   Como diz o velho ditado: "O serviço ao cliente não é um departamento, é o trabalho de um indivíduo". Numa empresa mais pequena, é mais fácil pôr isto em prática, pois é possível conhecer mais clientes a nível pessoal. Certifique-se de que não desperdiça esta oportunidade, valorizando muito o serviço personalizado e concentrando-se nas coisas que tornam agradável fazer negócios consigo (por exemplo, certificando-se de que sabe o nome do maior número possível de clientes).

6. **Segmentação de clientes:**
   As empresas mais pequenas estão a analisar a segmentação dos clientes. O que faz avançar uma organização é a eficácia com que os decisores têm acesso aos dados correctos sobre os clientes, ou seja, quem nos vai comprar ou alugar, e não a quem vamos vender. É um facto bem conhecido que 20% de todos os clientes compram 80% de todos os produtos e serviços que uma organização fornece. A segmentação dos clientes com base na sua localização geográfica ou estilo de vida ou mesmo na sua

   A demografia tem algo a dizer ao longo de todo o ciclo de vida de uma empresa. É isso mesmo,

   Isto aplica-se, em particular, às pequenas empresas.

7. **Recolha de feedback**

   O conhecimento do sentimento do cliente através da interação direta deve ser encorajado nos programas de formação para o pessoal de serviço ao cliente novo ou existente. Os inquéritos são a melhor forma de obter feedback, apesar de os investigadores terem salientado que a maioria das pessoas não passará mais de 5 minutos num inquérito em que se pede a sua opinião sobre uma determinada marca. Por conseguinte, o objetivo deve ser recolher as informações mais importantes com o menor número de perguntas possível.

8. Segmentação de produtos ou serviços

As pequenas empresas precisam de saber como os produtos e serviços da sua empresa estão a ser utilizados ou vistos pelos clientes. Isto significa que têm de acompanhar actividades como as visualizações de páginas no sítio Web ou as conversas nas redes sociais. Isto ajuda as marcas a concentrarem-se mais nos seus produtos e serviços individuais. Certifique-se de que o seu programa de formação em atendimento ao cliente abrange claramente este aspeto.

9. Analisar o feedback

Com base no feedback recebido, as empresas podem adaptar a sua filosofia de trabalho para garantir que os clientes recebam mais valor e, por sua vez, a marca registe um crescimento significativo. O gigante americano dos cartões de crédito Discover conseguiu aumentar a fidelidade dos seus clientes em mais de 50% porque é capaz de analisar os desejos dos clientes expressos através dos vários canais de contacto.

10. Muita, muita paciência

Lidar com uma questão de cliente e responder a outra por correio eletrónico ao mesmo tempo pode fazer com que a maioria deite fora os auscultadores e nunca mais olhe para trás. A paciência, como se costuma dizer, é uma virtude que qualquer pessoa que lide com problemas de atendimento ao cliente deve ter. Desde o cliente do apoio técnico que não sabe como ligar o computador, até ao cliente que telefona para reclamar (mais uma vez), lidar com os clientes com cuidado é uma qualidade especial e importante a ter, independentemente da sua função.

11. Praticidade

Quanto mais depressa resolver um problema, mais satisfeito ficará o seu cliente e mais baixo será o custo por chamada. E mesmo que não resolva um problema de um cliente com pressa, deve demonstrar um certo grau de eficiência para chegar rapidamente à raiz do problema e encontrar a melhor solução. As pequenas empresas fazem

Assegurar que todos os membros da sua equipa estão familiarizados com o serviço de apoio ao cliente da empresa

orientações e automatizar o que pode ser automatizado.

A maioria das pequenas empresas dispõe de uma equipa de apoio ao cliente ou de um centro de atendimento telefónico, de material pré-formulado e de instruções de solução pormenorizadas.

12. Compromisso próprio

Os centros de atendimento telefónico e de serviço ao cliente são conhecidos pela sua elevada taxa de rotatividade. É importante manter os seus empregados interessados e entusiasmados com o seu produto ou serviço. Quando alguém telefona para o serviço de apoio ao cliente, significa que acredita na sua empresa e que esta resolverá melhor os seus problemas.

13. Lealdade

Quando os clientes voltam, é porque foram tratados de uma forma que os faz sentir parte da organização. Quando surgem problemas e questões e estes são resolvidos de forma agradável e eficiente, os clientes permanecem fiéis à empresa e continuam a fazer negócios. Os clientes satisfeitos são uma fonte fiável de publicidade para a empresa, porque se vêem como parte da empresa e acreditam que desempenham um papel no crescimento da mesma.

14. Vantagens internas

As pequenas empresas prestam um serviço excecional aos clientes externos e internos. Os clientes internos são o primeiro ponto de contacto para os produtos e serviços oferecidos pela empresa, por exemplo, os empregados e os membros da família dos empregados. Este conhecimento inclui informações sobre questões de segurança, problemas de produção e fraco desempenho. Os limites internos de um excelente serviço ao cliente vão muito para além do produto e dos serviços. Um serviço ao cliente de excelência capitaliza os conceitos que os clientes sugerem para produtos e serviços de excelência, criando oportunidades para inovações e fluxos de receitas totalmente novos.

CONFIANÇA DO CLIENTE

A fidelização dos clientes é muito importante para o crescimento das pequenas empresas. Assim, a fidelidade do cliente é o resultado de um envolvimento emocional positivo sistemático, da satisfação baseada em atributos físicos e do valor óbvio de uma experiência composta por produto e serviço.

A fidelidade do cliente é um objetivo fundamental da gestão da relação com o cliente e do crescimento de uma empresa jovem e dinâmica. Descreve a lealdade que existe entre um cliente e uma empresa, pessoa, produto ou marca. Para desenvolver a fidelização dos clientes, é necessário abordar especificamente o respetivo segmento de mercado. Existem quatro aspectos no ambiente empresarial para promover a fidelização dos clientes:

1. Psicológico

Isto significa que os clientes podem também desenvolver um sentimento de lealdade em relação a certas pessoas que trabalham para uma empresa. Por exemplo, as pessoas podem desenvolver uma boa relação com um conselheiro bancário que conhecem há vários anos e que sempre correspondeu às suas expectativas, pelo que são obrigadas a permanecer nesse banco ou empresa em particular. O marketing e o serviço de apoio ao cliente prestam grande atenção à fidelização dos clientes actuais e futuros através de um programa de fidelização de clientes, pelo que as empresas fazem bom uso dos programas de fidelização de clientes.

2. Economia

No mercado "empresa a empresa", é possível que a fidelidade do cliente resulte do facto de que fazer negócios com outra empresa conduz a desvantagens económicas. Neste caso, a fiabilidade baseia-se em razões económicas.

3. Técnica

Além disso, é possível que uma empresa adapte o seu processo técnico a um determinado fornecedor e que a mudança cause imensos problemas técnicos, pelo que são invocadas razões técnicas e funcionais para a fidelização dos clientes.

4. Contratual

Uma razão contratual para a lealdade é quando um cliente está vinculado à empresa durante um determinado período de tempo devido a um acordo contratual e por razões de lealdade. Se for esse o caso, o que é que acha que vai acontecer quando um concorrente desejável aparecer e procurar o negócio do seu cliente? Assim, a fidelização de clientes é muito mais do que um negócio recorrente.

"A fidelidade do cliente pode ser definida como a convicção do cliente de que a oferta de produtos/serviços da sua empresa é a melhor opção, ou seja, que cumpre melhor a sua proposta de valor. Seja ela qual for, o cliente aceita essa oferta sempre que é confrontado com a decisão de compra, apesar dos problemas ou deficiências.

PORQUE É QUE AS EMPRESAS JOVENS E EM CRESCIMENTO NÃO CONSEGUEM INTRODUZIR PROGRAMAS DE FIDELIZAÇÃO DE CLIENTES?

Não é segredo que a maioria das jovens empresas não consegue implementar programas de fidelização de clientes, por mais cuidadosamente concebidos que sejam, e enfrentam uma série de problemas como resultado. Num inquérito recente realizado pela Experian Data Quality, 81% dos inquiridos afirmaram enfrentar os seguintes desafios:

1. Poucos clientes participam

Se quase nenhum cliente aderir ao programa de fidelização, então é certo que algo está errado ou que não está a fazer um marketing eficaz; se a maioria dos clientes não participa no programa, então é óbvio que não os está a visar corretamente. As receitas adicionais que a sua empresa poderia estar a gerar perder-se-ão. Mas que outra razão pode estar na origem da indiferença dos clientes que aderem a um programa? Pode ser qualquer coisa, desde a apatia à falta de relevância

2. Falta de dados de contacto dos clientes

Se a organização não tiver os dados de contacto correctos dos clientes, tais como endereços físicos e de correio eletrónico e números de telefone, não tem a capacidade básica de se manter em contacto com os clientes. Isto leva a uma diminuição da comunicação, o que, por sua vez, pode levar a uma má experiência do cliente. De acordo com estudos, a melhoria das informações tecnológicas dos clientes continuará a ser uma das principais prioridades em 2020. De facto, 64% das empresas inquiridas afirmaram que as informações precisas sobre os dados dos clientes têm de ser drasticamente melhoradas, de acordo com JAMIE CARLINE, Gestor de Produto.

3. É caro

Um programa de fidelização de clientes é dispendioso e exige muita dedicação. Por isso, a maioria das empresas não quer investir em algo que não conhece muito bem. Mas os programas de fidelização de clientes podem ser uma força motriz para manter uma relação duradoura com os clientes.

A ARTE DE FIDELIZAR CLIENTES NUM MERCADO COMPETITIVO

Atualmente, a maior parte das empresas em crescimento são guiadas pela noção de que os clientes dependem delas, quando a verdade é que as empresas dependem dos seus clientes. A satisfação e a fidelização dos clientes são vitais para as empresas actuais, especialmente para as empresas jovens e em crescimento.

A fidelidade do cliente foi unanimemente reconhecida por Srivasta, Shivani e Fahey (2000) como um ativo valioso num mercado competitivo. Consequentemente, tornou-se cada vez mais importante reforçar os instrumentos de fidelização dos clientes, especialmente quando estes podem mudar para outros produtos ou serviços a um custo muito baixo, uma vez que não estão vinculados a um contrato.

Em mercados altamente competitivos, está também a ganhar importância porque existem opções mais lucrativas e prontamente disponíveis. Este conceito pode ser encontrado em todas as empresas e indústrias na última década (Lewis, 1997). Desenvolver a lealdade implica construir e apoiar uma relação com um cliente que conduza à compra continuada de produtos ou serviços durante um determinado período de tempo.

Para alcançar uma verdadeira lealdade, as empresas devem, por conseguinte, concentrar-se na construção da lealdade, tanto em termos de comportamento como de atitude.

Além disso, num mundo em que os seus concorrentes estão apenas a um clique de distância, o serviço ao cliente é o novo marketing. Os consumidores de hoje têm acesso a uma quantidade infinita de informações sobre a sua empresa e os estudos mostram que estão prontos para uma óptima experiência do cliente.

Se os clientes sentirem que estão em boas mãos, é mais provável que voltem a comprar-lhe. Uma vez que os estudos demonstraram que é seis a sete vezes mais caro conquistar um novo cliente do que manter um antigo, a liderança dos seus concorrentes depende do facto de ter uma base fiel de clientes satisfeitos.

1. **Como se pode conseguir a fidelização dos clientes?**

   A fidelização dos clientes é importante porque é mais fácil e mais barato vender mais aos clientes actuais do que encontrar e adquirir novos clientes. Para fidelizar os seus clientes, é necessário aplicar estratégias, que são as seguintes

2. **Compreender quem são os seus clientes mais valiosos;**

   Organize toda a sua empresa para se concentrar nas necessidades dos clientes, ou seja, faça uma lista dos clientes mais importantes e ofereça-lhes os melhores serviços. Certifique-se de que as pessoas da sua organização que se ocupam dos clientes dispõem da informação necessária para os servir. Dê-lhes também a oportunidade de tomarem certas decisões de forma autónoma (responsabilização dos trabalhadores). Por exemplo, alguns empregados têm um talento secreto e atrativo para manter os clientes fiéis aos seus serviços e à sua marca.

3. **Definir as expectativas dos clientes;**

Defina antecipadamente as expectativas dos clientes e entregue os seus produtos com antecedência para eliminar as incertezas. Quanto ao nível de serviço que presta para garantir a satisfação dos seus clientes (gestão just-in-time). Os clientes têm tendência a recordar experiências negativas, o que os leva a levar o seu negócio para outro local com a mesma perceção. Por isso, é sempre bom esforçar-se por corresponder às expectativas dos clientes, estabelecendo objectivos através do programa de fidelização.

4. **Criar confiança através de relações;**

Ao longo do tempo, faz-se negócios com pessoas em quem se confia. A confiança é essencial nos negócios e na construção de relações com os clientes.

A confiança também pode ser construída através de valores partilhados, ou seja, um interesse nos seus clientes e nas suas actividades. Investigue o negócio deles e perceba qual o papel que desempenha nas suas actividades diárias. Em seguida, utilize esta investigação para encontrar formas de ajudar o cliente a reforçar este ponto de diferenciação. Isto mostrará que tem um valor partilhado e que está genuinamente interessado no seu negócio, o que o distinguirá dos seus concorrentes. É por isso que a confiança é a parte mais importante de um negócio ou parceria a longo prazo.

5. **Utilizar a automatização;**

Isto é prático porque o ajuda a poupar tempo e a manter o cliente atualizado. Por exemplo, pode enviar por correio eletrónico instruções pormenorizadas a um novo cliente depois de este ter adquirido um produto ou serviço. Isto não só responderá a quaisquer perguntas, como também libertará algum do seu pessoal de serviço ao cliente e evitará discussões entre os clientes e o pessoal de serviço ao cliente, por exemplo, nas empresas de telemóveis, onde qualquer dúvida que um cliente tenha é resolvida com um sorriso no escritório.

6. **Criar KPIs (Key Performance Indicators) relacionados com o serviço ao cliente**;

Uma boa maneira de aumentar a fidelidade do cliente é melhorar o serviço ao cliente, ou seja, cerca de 68% dos clientes deixam a empresa porque estão insatisfeitos com os serviços prestados aos clientes.

7. **Construir relações em linha;**

Os seus clientes estão em linha, construa uma relação com eles enquanto estão colados aos seus ecrãs através do Facebook, Twitter, etc.

8. **Ir além de si próprio**

Fazer um esforço adicional pelo seu cliente é uma forma fácil de construir uma relação forte. Como proprietário de uma empresa, tem inúmeras oportunidades para cortejar os seus clientes e ir além do mínimo. Quando o faz, está a criar uma fidelidade a longo prazo. Quando os seus clientes sabem que está disposto a ir para além do mínimo necessário, ficarão consigo mesmo quando a concorrência lhes bater à porta.

9. **Não negligenciar os clientes actuais**

É muito fácil esquecer os clientes actuais quando se está ocupado a atrair novos clientes. Para evitar desiludir os seus clientes fiéis, deve certificar-se de que os seus produtos ou serviços não perdem qualidade ao longo do tempo.

10. **Admitir quando se comete um erro**

Os erros acontecem e muitos clientes têm muitas plataformas para partilhar as suas experiências com a sua empresa. Não fique na defensiva quando for abordado sobre algo que foi um erro seu, mas assuma a responsabilidade e resolva o problema.
o tema.

A IMPORTÂNCIA DA FIDELIZAÇÃO DOS CLIENTES NO MUNDO ACTUAL

NEGÓCIOS

Em média, os clientes fiéis valem até dez vezes mais do que a sua primeira compra. Os clientes são a força vital de qualquer empresa. Satisfazer as suas necessidades e garantir a sua satisfação é crucial. A concorrência feroz no mercado torna necessário que as empresas melhorem constantemente as suas relações com os clientes. Quanto melhor for a relação entre o cliente e a empresa, maior será o potencial de geração de receitas para a empresa. De seguida, apresentamos algumas razões pelas quais a fidelização dos clientes é importante:

1. **Incentivo à recomendação;**

O ciclo de vida do cliente tornou-se mais complexo, uma vez que o processo de compra do cliente começa mesmo antes de este se envolver diretamente com uma determinada marca. Por conseguinte, a gestão da relação com o cliente deve começar logo no primeiro contacto. Se uma empresa não criar um sistema para direcionar os potenciais clientes com as informações correctas, perderá facilmente potenciais clientes.

2. **Reduzir os custos através de promoções e outros programas de recompensa;**

Ao cultivar a lealdade dos clientes, os proprietários de empresas criam um exército de fortes promotores que podem delinear os seus melhores esforços de marketing. Podem também ser anunciantes e poupar enormes custos de publicidade, uma vez que o boca a boca é um instrumento de marketing poderoso e económico. Além disso, os efeitos da fidelização dos clientes são mais baratos do que a aquisição de novos clientes. A fidelização dos clientes cria uma base sólida de clientes que ajuda a empresa a prosperar. A Brassieres Du Cameroon, por exemplo, não faz publicidade às suas marcas 33 Export e Castel porque têm clientes fiéis que fazem a publicidade boca a boca, pelo que o consumo é mais elevado do que o das outras marcas.

3. **Reincidente**;

As empresas que já ganharam a confiança dos seus clientes fiéis e que têm uma linha de comunicação aberta com eles podem efetuar vendas cruzadas e vendas adicionais mais facilmente, uma vez que os clientes fiéis fornecem normalmente um feedback honesto para melhorar a marca. Como expressam abertamente as suas preocupações, as empresas podem tomar medidas concretas para resolver prontamente as questões levantadas, aumentando assim a satisfação do cliente. Estes clientes fiéis são susceptíveis de gerar negócios repetidos, o que é crucial para a sobrevivência a curto prazo das organizações.

4. **Isolamento da empresa em relação à concorrência**;

Os clientes mantêm-se fiéis a uma marca ou a um serviço porque confiam na marca ou no serviço. As empresas com programas baseados em clientes fiéis são imunes à concorrência e às mudanças económicas. Isto ajuda a proteger o resultado final.

5. **Maior volume (maiores vendas);**

À medida que constrói uma relação com os seus clientes fiéis, torna-se cada vez mais fácil vender-lhes a granel. Isto pode acontecer naturalmente ou pode incentivar os seus clientes. De qualquer forma, um maior volume de vendas conduzirá a maiores lucros globais.

6. **Benefícios da dúvida**;

Um cliente fiel dar-lhe-á o benefício da dúvida e ignorará os erros que podem prejudicar a sua empresa, desde que o seu serviço ao cliente seja de boa qualidade.

CAPÍTULO 4

AS CONSEQUÊNCIAS DE UM MAU SERVIÇO AO CLIENTE

Até agora, com base na discussão **anterior,** pode afirmar-se que um excelente serviço ao cliente cria clientes satisfeitos e fiéis. O que dizer então de um mau serviço ao cliente? Existe uma convicção generalizada entre os académicos e os profissionais (Bill Gates, Walt Disney, Doug Warner) de que uma empresa que não presta um serviço de qualidade aos seus clientes fará muito provavelmente com que estes deixem de utilizar os produtos ou serviços da empresa e, pior ainda, que existe uma correlação ou uma ligação entre más práticas de serviço ao cliente e a insatisfação dos clientes.

Um serviço ao cliente deficiente ou inadequado significa simplesmente ignorar o cliente, ser rude e não prestar qualquer tipo de ajuda quando o **cliente** precisa. O mau tratamento dos clientes é basicamente o oposto de uma gestão de qualidade da relação com o cliente, que tem como objetivo reconhecer e tratar cada cliente como um indivíduo (Maggie Jones, 2005). Hoje em dia, os clientes queixam-se com mais frequência, o que se deve ao facto de os consumidores serem, em geral, mais instruídos do que nunca, terem gostos mais exigentes e, por conseguinte, terem expectativas mais elevadas. A maioria das suas queixas centra-se em serviços medíocres ao cliente, que incluem o seguinte:

- Negligência do serviço por parte do pessoal de atendimento ao cliente, por exemplo, falta de simpatia, empatia, justiça, controlo e, sobretudo, informação inadequada, que muitas vezes arruína uma empresa.
- Quando os clientes são tratados de forma rude.
- Falta de acompanhamento (a satisfação advém da interação, sem a qual os clientes se sentem abandonados).
- A incapacidade de resolver as coisas quando correm mal.

OS EFEITOS DE UMA CULTURA DE SERVIÇO AO CLIENTE DEFICIENTE

Novos estudos mostram claramente as consequências devastadoras de um mau serviço ao cliente para a sobrevivência de uma empresa. Um desses efeitos é a insatisfação do cliente (deceção, insatisfação e frustração), que, por sua vez, afecta uma série de parâmetros, como veremos a seguir.

Um cliente insatisfeito ou desiludido é uma ameaça real a ter em conta. Isto porque a maioria dos clientes insatisfeitos deixaria de utilizar o produto ou serviço de uma empresa. Os clientes têm mais escolha do que nunca quanto ao local onde podem comprar um determinado produto ou serviço. Nos Camarões, por exemplo, existem quatro grandes fornecedores de telemóveis. Se um cliente se sentir negligenciado e maltratado por um deles, é muito provável que mude para outro fornecedor de telemóveis. Os clientes escolhem geralmente a empresa que melhor serve os seus interesses.Também neste caso, os clientes insatisfeitos tendem a espalhar muito rapidamente a notícia da sua má experiência. Este facto prejudica frequentemente a imagem e a reputação de uma empresa. Esta é provavelmente a pior coisa que um cliente insatisfeito pode fazer. Se um indivíduo está desiludido, é provável que conte a um grupo de outras pessoas. Jill D informa-nos que o cliente insatisfeito médio contará a pelo menos oito pessoas a sua experiência negativa com uma determinada empresa, pelo que pode demorar um dia a ganhar um cliente, mas um segundo a perder cinco. A insatisfação dos clientes é normalmente a principal razão pela qual as empresas perdem os seus clientes. Escusado será dizer que qualquer organização que não faça da satisfação do cliente o seu objetivo principal terá cada vez mais dificuldade em sobreviver (Hooley et al. 2012). Isto porque o custo de perder um único cliente é enorme: em primeiro lugar, perder clientes leva a uma perda de vendas. Por exemplo, estima-se que as empresas nos EUA percam 83 mil milhões de dólares todos os anos devido a compras canceladas, que são um resultado direto de um mau serviço ao cliente. Além disso, a insatisfação dos clientes leva a uma deterioração da reputação da empresa, uma vez que os clientes relatam frequentemente as suas más experiências, mas os clientes nem sempre deixarão de utilizar um determinado bem ou serviço de uma empresa, mesmo que essa empresa não preste um excelente serviço ao cliente. Há certos bens ou serviços cujo fornecimento e/ou entrega é exclusivo de uma determinada organização. É o caso, por exemplo, do fornecimento de eletricidade ou de água nos Camarões, que são fornecidos exclusivamente pela ENEO e pela Camwater, respetivamente. Embora o serviço ao cliente prestado por estas organizações nem sempre seja o melhor, os camaroneses continuam a utilizar os seus serviços porque não existem outros concorrentes.

> *"O serviço ao cliente não deve ser um departamento em qualquer organização, deve ser uma cultura. Toda a gente, desde o segurança ao pessoal da limpeza, deve ser um prestador de serviços ao cliente, e isto só pode ser conseguido através da capacitação e de políticas empresariais favoráveis ao cliente".*

CAPÍTULO 5

COMO MELHORAR O SERVIÇO AO CLIENTE

INTRODUÇÃO

Uma empresa não pode ser sempre perfeita em todos os domínios. Haverá sempre uma área em que tem grandes pontos fortes e uma área em que se reconhecem algumas fraquezas. No entanto, o mais importante é **que** a empresa continue a desenvolver as suas potencialidades e tente eliminar os seus pontos fracos para se tornar mais competitiva nas suas diferentes áreas. Por esta razão, a nossa tarefa neste capítulo é, por um lado, fazer algumas recomendações baseadas na nossa experiência e, por outro lado, apresentar uma simulação do que deve ser um bom serviço ao cliente.

1. Recomendação para a experiência adquirida.

As pequenas empresas têm grande dificuldade em prestar um bom serviço ao cliente. A razão para tal reside provavelmente no facto de não disporem de recursos suficientes para formar o seu pessoal em matéria de serviço ao cliente. As experiências dos capítulos anteriores mostram que ainda têm um longo caminho a percorrer para dominar este conceito. Na experiência #1, em que vivi a situação do supermercado, pude recomendar o seguinte;

- Em primeiro lugar, as empresas precisam de fazer com que os seus clientes se sintam importantes, por vezes precisam de se colocar no lugar do cliente para saber como ele se sente. E para evitar que esta situação se repita, as empresas incluem o preço da embalagem nos seus diferentes produtos, para que o cliente não se aperceba de que já pagou indiretamente pela embalagem.

- Em segundo lugar, no que respeita aos clientes importantes, pode tratar-se da categoria de clientes que costumavam fazer uma compra elevada e também de personalidades importantes. A empresa pode decidir fazer sacos especiais para eles. De cada vez que estes se deslocam ao supermercado para fazer compras, a empresa lisonjeia-os, oferecendo-lhes estes sacos especiais. Quanto à experiência n.º 2, que foi feita no banco, para melhorar o serviço ao cliente, podemos recomendar a formação do pessoal, especialmente daqueles que estão em contacto direto com os clientes, sobre a importância do serviço ao cliente. É necessário consciencializá-los de que o serviço ao cliente é uma das estratégias mais importantes de qualquer organização. Também precisam de ser ensinados sobre as qualidades de um bom serviço ao cliente. Isto ajudá-los-á a compreender que, para cada cliente que os procura, independentemente das circunstâncias, devem fazer tudo o que estiver ao seu alcance para garantir que o cliente fica satisfeito. Isto porque a satisfação do cliente dará à empresa uma imagem positiva, o que pode contribuir muito para melhorar a empresa.

Simulação de boas práticas de serviço ao cliente

(O *cenário seguinte passa-se num pequeno supermercado em crescimento, onde um cliente, o Sr. Paulo, quer comprar um frigorífico. Neste local, encontra a Sra. Michele, a representante do serviço de apoio ao cliente responsável pela prateleira dos electrodomésticos, que o atende*). Veremos também como é aplicado antes, durante e depois de uma compra.
(O Sr. Paulo entra no supermercado, onde o segurança lhe abre a porta à entrada).
Guarda: Bom dia, senhor, é muito bem-vindo.
Sr. Paul: Obrigado.
(Dirige-se à zona dos electrodomésticos, onde encontra a senhora Michele, que vem ao seu encontro e inicia uma conversa com ele).

Miss Michele: Olá, em que posso ajudá-la?

Sr. Paul: Sim, por favor. A minha mulher está sempre a pedir-me que gostaria de ter um frigorífico. Mas, neste momento, estou um pouco confuso porque há tantos. Não sei bem qual escolher.

Menina Michele: Senhor, não se preocupe, estou aqui para o ajudar. É verdade que temos aqui tamanhos diferentes. Temos os tamanhos mais pequenos, que são normalmente solicitados pelos estudantes e para os escritórios. Temos também os tamanhos médios, que são normalmente utilizados em casa. Estão divididos em 2 partes, a secção do frigorífico e a secção do congelador. Temos também os que são ligeiramente maiores do que os médios. São frequentemente solicitados pelos retalhistas de bebidas. Mas para si, senhor, recomendo o médio e tenho a certeza de que a sua mulher vai ficar muito satisfeita porque é a melhor escolha, é energeticamente eficiente e tem uma garantia de dois anos.

Sr. Paul: Muito obrigado, também penso assim.

Miss Michele: Também podemos ajudá-lo com o transporte e a instalação sem ter de pagar nada.

Sr. Paul: A sério!

Menina Michele: Sim, senhor, estamos convencidos da qualidade dos nossos produtos e queremos que os nossos clientes fiquem 100% satisfeitos sempre que nos procuram.

Sr. Paulo: Na verdade, já estou satisfeito. Acho que vou optar pelo frigorífico de tamanho médio com a faixa azul.

Miss Michele: Ok, senhor, pode vir à caixa, entretanto vou chamar os técnicos para iniciarem a instalação dentro de duas horas.

Sr. Paul: Sim, claro, muito obrigado.

Menina Michele: Não tem de quê, senhor.

BENEFÍCIOS QUE AUMENTAM A SATISFAÇÃO DO CLIENTE E AS INTENÇÕES DE COMPRA

Vantagens financeiras

Isto dá ao cliente uma razão financeira para estabelecer uma relação a longo prazo e permanecer fiel ao fornecedor. Isto inclui descontos para compras a granel ou compras repetidas ou outras recompensas pela lealdade.

Prestações sociais

Estes incluem serviços como a construção de estradas, escolas e hospitais a baixo custo para os seus clientes, mas também a restauração de empresas ou eventos sociais patrocinados pela organização em que os seus clientes podem participar.

A fim de avaliar a qualidade do serviço, a satisfação do cliente e a intenção de compra do cliente, os gestores das empresas devem ter em conta o seguinte

- Determinar os factores que são importantes para os clientes,
- Avaliação do desempenho dos prestadores de serviços
- Analisar a diferença entre expectativas e desempenho.

CONCLUSÃO GERAL

Em suma, o serviço ao cliente é a forma como uma empresa comunica **com os seus** clientes. Neste documento, compreendemos o verdadeiro significado do serviço ao cliente. Como surgiu o conceito, qual a sua importância e qual o impacto que pode ter no futuro de uma organização.

Também compreendemos **que** uma abordagem pouco profissional a um cliente pode deixar uma impressão negativa da empresa. Além disso, vimos como a falta de profissionalismo pode afetar a imagem de uma empresa e o que pode ser feito para melhorar esta situação. Mas não podemos concluir esta análise sem nos questionarmos se o domínio do serviço ao cliente por parte de uma empresa é uma garantia total do seu sucesso.

Em suma, a satisfação de um cliente implica muito esforço, tempo, planeamento **estratégico** e sacrifício. Mas vale a pena. Um excelente serviço ao cliente conduz frequentemente a clientes satisfeitos que acabam por se tornar clientes fiéis, e os clientes **fiéis** mantêm as empresas vivas. Em suma, tudo o que a empresa faz, todos os novos conceitos, todas as técnicas desenvolvidas e todos os empregados devem ser orientados para a satisfação do cliente, porque o cliente é e continua a ser o "patrão" no mundo dos negócios. É o cliente que paga os salários de todos os empregados e decide sobre o sucesso ou o fracasso da empresa. Sem o cliente, uma empresa não venderá nada e as receitas não se concretizarão.

REFERÊNCIAS

- Bitner, M. J. (1990). The evaluation of service encounters - the effects of the physical environment and employee reactions. *Journal of Marketing, 52*(2), 69-82.

- Bloemer, J.M.M., e Kasper, H.D.P. (1995). The complex relationship between consumer satisfaction and brand loyalty. *Journal of Business Psychology, 16*, 311-329.

- Fleischer, K. (2001). Evaluative and relational influences on service loyalty (Influências avaliativas e relacionais na lealdade ao serviço). *Revista Internacional de Serviços Gestão Industrial, 12*(4), 310-327.

- Caruana, A. (2002). Service loyalty. O impacto da qualidade do serviço e o papel mediador da satisfação do cliente. *European Journal of Marketing, 36*(7/8), 811-828.

- Sureshchandar, G.S., Rajendran, C., e Anantharaman, R.N. (2002). Determinants of customer perceived service quality: a confirmatory fator analysis approach. *Journal of Services Marketing, 16*(1), 9-34.

- [1]Paul McKinney, "Customer Service: Definition, Types and Role in Marketing", *Education Portal*, (http"//education-portal.com/cadamy/lesson/what-is-customer-service-definition-types-roles-in-marketing-html,Last visited:19/10/14)

- Change Factory, "What is Customer Service?", http"//www.changefactory.com.au/our-thinking/articles/what-is-customer- service/,Last visited:20/10/14);

- Change Factory, "Elementos do serviço ao cliente", (http://www.changfactory.com.au/our-tthinking/articles/customer-service- elements/, última visita: 20/10/14)[1] Paul Mckinney. ibid[1]Irene Zih Fon, "Customer Service : Good and Bad" (janeiro de

2009),(http://www.entepreneurnewsonline.com/2009/01/customer-service- good-and-bad.html, última visita: 26/10/14)

- Keys to Operating a Successful Business, "The Importance of Customer Service", (http://www.hdkeys.com/The Importance-of-a- good-Customer- Service., Última visita: 24/10/14)

- Keys to Operating a Successful Business, ibid The Guardian, op.cit, Craig Cochran, "The Top 10 Training Topics for Customer Focus" , *Quality Digest Magazine,* (2005) Meredith Estep, (dezembro de 2011), op.cit.

- Ross, "How Customer Service Impacts the Success of Your Business", *CrowdSPRING,* (maio de 2013 (http>//blog.crowdspring/2013/05/small-business-customer-service.,last visited:21/10/14) Keys to Operating a Successful Business, op.cit. Lindsay Swinton "The 9 Principles of Quality Service" (março de 2009), (http://www.mftrou.com/quality.customerservice.html jastly visitado em 23/10/14)

- Craig Cochran, "The Top 10 Training Topics for Customer Focus" , *Quality Digest Magazine,* (2005) Meredith Estep, (dezembro de 2011), op.cit. Ross, "How Customer Service Impacts the Success of Your Business", *CrowdSPRING,* (maio de 2013 (http>//blog.crowdspring/2013/05/small-business- customer-service.,last visited:21/10/14)

- The Real Reasons Employees Struggle with Customer Service, (2012) ; Schori& Garee, op.cit.

Índice

FSC
www.fsc.org
MIX
Papier aus verantwortungsvollen Quellen
Paper from responsible sources
FSC® C105338

Printed by Books on Demand GmbH, Norderstedt / Germany